BEI GRIN MACHT SICH IHR WISSEN BEZAHLT

AF152850

- Wir veröffentlichen Ihre Hausarbeit, Bachelor- und Masterarbeit

- Ihr eigenes eBook und Buch - weltweit in allen wichtigen Shops

- Verdienen Sie an jedem Verkauf

Jetzt bei www.GRIN.com hochladen und kostenlos publizieren

Bibliografische Information der Deutschen Nationalbibliothek:

Die Deutsche Bibliothek verzeichnet diese Publikation in der Deutschen National-
bibliografie; detaillierte bibliografische Daten sind im Internet über http://dnb.d-
nb.de/ abrufbar.

Impressum:

Copyright © 2009 GRIN Verlag, Open Publishing GmbH
Druck und Bindung: Books on Demand GmbH, Norderstedt Germany
ISBN: 9783640492046

Dieses Buch bei GRIN:

http://www.grin.com/de/e-book/139203/strategien-zur-erfolgreichen-umsetzung-
von-vorsaetzen

Franziska Loth

Strategien zur erfolgreichen Umsetzung von Vorsätzen

GRIN Verlag

GRIN - Your knowledge has value

Der GRIN Verlag publiziert seit 1998 wissenschaftliche Arbeiten von Studenten, Hochschullehrern und anderen Akademikern als eBook und gedrucktes Buch. Die Verlagswebsite www.grin.com ist die ideale Plattform zur Veröffentlichung von Hausarbeiten, Abschlussarbeiten, wissenschaftlichen Aufsätzen, Dissertationen und Fachbüchern.

Besuchen Sie uns im Internet:

http://www.grin.com/

http://www.facebook.com/grincom

http://www.twitter.com/grin_com

Vorsätze

Referatsausarbeitung zum Seminar „Selbstregulation"

Angefertigt im Studienfach Psychologie (B.Sc.)

Von
Franziska Loth
im 2. Semester (SS 2009)

Inhaltsverzeichnis

1. Einleitung

Pünktlich zu Beginn eines jedes neuen Jahres nehmen sich viele Menschen ein bestimmtes Ziel vor, welches sie im Laufe des kommenden Jahres erreichen wollen. Nicht selten betrifft dieses Vorhaben das Ablegen schlechter Angewohnheiten. Doch leider gelingt es vielen nicht, die an Silvester getroffenen Vorsätze zu realisieren. Von diesem Scheitern sind nicht nur die zum Jahreswechsel gefassten Pläne betroffen, denn auch in vielen anderen Situationen gelingt es Menschen nicht, ihre Absichten in die Tat umzusetzen. Oftmals wird ein Ziel selbst dann nicht erreicht, wenn eine hohe Motivation vorliegt (Achtziger & Gollwitzer, 2006). Gibt es eine Strategie, die diesem Phänomen Abhilfe verschaffen könnte? Eine mögliche Lösung bietet die Formulierung von so genannten Wenn-Dann-Plänen, welche auf Gollwitzer (1993,1999, zitiert nach Achtziger & Gollwitzer, 2006, S. 289-290) zurückgehen. Er bezeichnet diese Pläne als Vorsätze (*Implementation Intentions*) und grenzt sie von simplen Zielabsichten ab. Vorsätze stellen eine besondere Art der Absichtsfassung dar und können die Realisierung von Zielen fördern.

Die folgende Arbeit soll darlegen, was unter Vorsätzen zu verstehen ist. Hierbei gilt es aufzuzeigen, worin sich diese spezifischen Formulierungen von den herkömmlichen unterscheiden. Des Weiteren sollen jene Prozesse erläutert werden, welche die Wirkungsweise von Vorsätzen ausmachen. Darüber hinaus werden die moderierenden Faktoren und mögliche Einsatzgebiete vorgestellt. Die Arbeit schließt mit einem Resümee, inwiefern durch Wenn-Dann-Pläne die Zielerreichung gefördert werden kann.

2. Vorsätze

2.1 Was sind Vorsätze?

Gollwitzer (1993,1999, zitiert nach Achtziger & Gollwitzer, 2006, S. 289-290) setzte sich mit dem Problem auseinander, dass gefasste Ziele häufig nicht erfolgreich in die Tat umgesetzt werden. Für ihn stellt dies ein Selbstregulationsproblem dar. Dieses wird oft erst dann gelöst, wenn Individuen ihr Vorhaben konkret planen. Das bedeutet, dass sie von der anfänglichen Phase des Abwägens, in welcher ein Ziel gewählt wird, in eine Phase des

Planes übergehen. Dieser Ablauf wird im Rubikon-Modell der Handlungsphasen (Heckhausen & Gollwitzer, 1987, zitiert nach Achtziger & Gollwitzer, 2006, S. 278-281) beschrieben. Das Modell unterscheidet zwischen verschiedenen mentalen Zuständen, welche Individuen bei der Wahl und Umsetzung von Zielen durchlaufen. Hierbei wechseln sich motivationale und volitionale Phasen ab. In der ersten motivationalen Phase kommt es zur Entstehung eines Ziels. Ihr folgen zwei volitionale Phasen, in welchen Planung und Ausführung stattfinden. Abschließend findet eine weitere motivationale Phase statt. In dieser wird die erfolgte Handlung abschließend bewertet. Vorsätze werden beim Übergang in die volitionale Phase eingesetzt.

Gollwitzer (1993,1999, zitiert nach Achtziger & Gollwitzer, 2006, S. 289-290) entwickelte den Begriff des Vorsatzes (*Implementation Intentions*) in Abgrenzung zur üblichen Form von Intentionen. Letztere meint die einfache Setzung von Zielen, womit bezweckt wird, einen bestimmten Endzustand zu erreichen. Folglich würde eine Formulierung mit der Struktur „Ich möchte Z erreichen!" auftreten. Dies wird als Zielintention (*Goal Intention*) oder Absicht bezeichnet.

Vorsätze, auch Durchführungsintentionen genannt, beinhalten konkrete Handlungspläne. Sie „stehen im Dienste von Zielintentionen und sind Pläne, die deren Realisierung unterstützen" (Achtziger & Gollwitzer, 2006, S. 290). Folglich sind Durchführungsintentionen den Zielintentionen hierarchisch untergeordnet.

Vorsätze kommen, wie bereits erwähnt, in der volitionalen Phase zum Einsatz, also nachdem sich eine Person für ein bestimmtes Ziel entschlossen hat. Die vorhandene Motivation wird dabei in einen konkreten Handlungsplan übersetzt (Elliott & Armitage, 2006). Dies erfolgt als Wenn-Dann-Plan und hat das Format: „Wenn die Situation X auftritt, dann werde ich die zielgerichtete Antwort Y ausführen!" Demnach wird in der Wenn-Komponente eine zukünftige Situation spezifiziert, in welcher das zielgerichtete Verhalten aufgenommen werden soll. Mittels der Dann-Komponente wird die beabsichtigte Reaktion festgelegt. Daraus folgt, dass Individuen sich vornehmen, nach einem festgelegten Plan zu agieren, sobald die kritische Situation eintritt (Gollwitzer, Bayer, & McCulloch, 2005). Ein Beispiel für diese Struktur wäre: „Wenn der Lehrer uns Hausaufgaben aufgibt, dann werde ich, sobald ich nach Hause komme, beginnen sie zu lösen!"

Durch die Übersetzung von Zielintentionen in Vorsätze entsteht ein starker mentaler Link zwischen einer Situation und einer zielgerichteten Handlung. Diese Verknüpfung löst eine Reihe automatischer Prozesse aus, welche wiederum die Zielerreichung erleichtern können (Gollwitzer et al., 2005). Gollwitzer und Sheeran (2006) untersuchten mittels einer Metaanalyse 94 Studien über Vorsätze. Sie kamen zu dem Ergebnis, dass Wenn-Dann-Pläne einen mittleren bis hohen Effekt auf die Zielerreichung haben.

2.2 Prozesse

Im Folgenden soll geklärt werden, welche Prozesse durch die Fassung von Vorsätzen ausgelöst werden.

2.2.1 Chronische Aktivierung der spezifizierten Situation

Mittels der speziellen Formulierung als Wenn-Dann-Plan wird eine kritische Situation festgelegt. Gollwitzer (1999, zitiert nach Gollwitzer et al., 2005, S.487) nimmt an, dass dadurch die mentale Repräsentation dieser Situation dauerhaft, also chronisch, in starker Weise aktiviert wird. Infolgedessen erhöht sich deren kognitive Zugänglichkeit. Dadurch kann diese Situation leichter erinnert und identifiziert werden. Eine spontane Zuwendung von Aufmerksamkeit ist hierbei möglich. Es wird davon ausgegangen, dass dies selbst dann erfolgen kann, wenn Personen anderweitig beschäftigt sind (Gollwitzer et al., 2005).

2.2.2 Automatischer Handlungsbeginn

Das Individuum hat sich durch den Vorsatz verpflichtet, einen bestimmten Plan auszuführen, sobald die spezifizierte Sachlage vorliegt. Damit wird die Handlungskontrolle an eine bestimmte Situation delegiert, welche wiederum automatisch die zielgerichtete Handlung auslöst (Webb & Sheeran, 2007).

Zunächst werden die kritische Situation beziehungsweise die damit verbundenen Hinweisreize automatisch erkannt. Diese Konstellation ist mental mit einer bestimmten

Reaktion verknüpft. Aus diesem Grunde wird durch die Entdeckung der Situation ebenfalls automatisch der Beginn der zielgerichteten Handlung ausgelöst. Für diesen Prozess ist keine bewusste Intendierung notwendig. Die Initiierung der Reaktion sollte somit schnell und effizient möglich sein, weil kein erneuter Willensakt erforderlich ist (Gollwitzer, Fujita, & Oettingen, 2004).

Bayer, Moskowitz und Gollwitzer (2002, Studie 1, zitiert nach Achtziger & Gollwitzer, 2006, S. 292) untersuchten experimentell, ob Vorsätze zu einer automatischen Auslösung der zielgerichteten Handlung führen. Im Folgenden wird die erste ihrer Studien vorgestellt. Hierbei sollte die Hälfte ihrer Versuchspersonen die Zielintention fassen, sich gegen eine unfreundliche Versuchsleiterin zu wehren. Die restlichen Probanden sollten außerdem eine Durchführungsintention formulieren. Sie planten, der Leiterin unverzüglich die Meinung zu sagen, wenn sie auftaucht. Während des Experiments wurde zum einen das Gesicht der Leiterin, welches den kritischen Hinweisreiz darstellte, subliminal auf einem Bildschirm dargeboten. Zum anderen wurde ein neutrales Gesicht verwendet. Subliminal bedeutet, dass die Gesichter jeweils nur wenige Millisekunden erschienen, sodass sie nicht bewusst wahrgenommen werden konnten. Das Bild der unfreundlichen Versuchsbeauftragten fungierte hierbei als Prime. „Primes sind Reize, die dazu dienen, damit assoziierte kognitive Inhalte zu aktivieren" (Achtziger & Gollwitzer, 2006, S. 292). Unmittelbar auf die subliminale Primedarbietung folgte die Einblendung von Wörtern. Einige der Wörter waren mit Unfreundlichkeit assoziierte Adjektive, demnach denkbare Eigenschaften für die Versuchsleiterin. Die Versuchspersonen waren aufgefordert, alle Wörter nachzusprechen. Die dafür benötigte Reaktionszeit wurde gemessen. Jene Probanden, welche einen Vorsatz formuliert hatten, zeigten eine schnellere Reaktion auf die mit Unfreundlichkeit assoziierten Wörter, wenn vorher das Gesicht der Versuchsleiterin dargeboten wurde. Für die andere Bedingung, in welcher nur eine Zielintention gefasst werden musste, war dies nicht der Fall. Dies bedeutet, dass durch die Vorsatzbildung ein mentaler Link zwischen dem Auftauchen der Leiterin und der zielgerichteten Reaktion entstanden war. Deshalb reagierten die Versuchspersonen in der Vorsatzbedingung besonders schnell auf Wörter, die mit

Unfreundlichkeit und somit auch mit dem kritischen Hinweisreiz verbunden waren. Bemerkenswert war, dass das Foto der Mitarbeiterin unterhalb der Wahrnehmungsschwelle präsentiert wurde. Die Probanden wussten demzufolge nicht, dass die kritische Situation eingetreten war. Dennoch zeigten sie die zielgerichtete Reaktion. Dadurch konnte belegt werden, dass Vorsätze zur Handlungsauslösung ohne bewusste Intendierung führen (Achtziger & Gollwitzer, 2006; Gollwitzer et al., 2004).

2.2.3 Automatische Handlungsausführung

Nach der automatischen Aufnahme der Handlung kann, ebenfalls automatisch, deren weitere Ausführung vonstatten gehen. Da diese Vorgänge ohne weiteres eingeleitet werden, müssen hierfür keine kognitiven Ressourcen aufgewendet werden. Dies hat den entscheidenden Vorteil, dass die günstige Gelegenheit sofort und auch bei hoher kognitiver Belastung genutzt werden kann (Achtziger & Gollwitzer, 2006). Das konnte beispielsweise durch Experimente mit Doppelaufgaben, also paralleler Erledigung zweier Aufgaben, belegt werden (z.B. Brandstätter, Lengfelder, & Gollwitzer, 2001, Studie 3 und 4, zitiert nach Achtziger & Gollwitzer, 2006, S. 291).

Insbesondere Personen mit Handlungskontrollproblemen können davon profitieren, dass durch Vorsätze die kognitiven Ressourcen bei der Handlungsausführung geschont werden. Dies konnte unter anderem in Studien mit Drogenabhängigen (Brandstätter et al., 2001, Studien 1 und 2, zitiert nach Gawrilow & Gollwitzer, 2008, S. 264) oder bei Patienten mit Schädigungen des Frontalhirns (Lengfelder & Gollwitzer, 2001) gezeigt werden. Letztere sind nicht in der Lage automatisierte Vorgänge bewusst zu kontrollieren. Wenn bei diesen Menschen zwischen einem Hinweisreiz und einer bestimmten Handlung eine Verknüpfung besteht, dann löst dieser Reiz unabsichtlich und unabwendbar die damit assoziierte Reaktion aus. Folglich müssten diese Patienten mit einer Läsion des Frontalhirns bei einer Reaktionszeitaufgabe schneller auf Reize reagieren, als gesunde Personen, wenn sie diesbezüglich einen Wenn-Dann-Plan formuliert haben (Achtziger & Gollwitzer, 2006). Lengfelder und Gollwitzer (2001, Studie 2) konnten dies bestätigen. In ihrer Studie mussten

Patienten mit frontalen Hirnschädigungen und gesunde Personen, welche die Kontrollgruppe darstellten, eine *Go/No-Go*-Aufgabe bewältigen. Bei diesem Aufgabentyp erscheinen auf einem Bildschirm unterschiedliche Reize. Die Probanden sind aufgefordert, bei einigen Reizen eine schnelle Reaktion auszuführen (*go*), zum Beispiel eine Taste zu drücken. Auf andere Reize soll allerdings keine Reaktion erfolgen (*no-go*; Werth & Meyer, 2008). In der vorliegenden Studie zeigte sich, dass die Patienten signifikant schneller auf die im Vorsatz festgelegten Reize reagierten, als die gesunden Probanden der Kontrollgruppe. Damit konnte nachgewiesen werden, dass Vorsätze eine automatische Handlungsausführung bewirken, da „für die Realisierung von Vorsätzen keine durch den Frontallappen gesteuerten exekutiven Funktionen erforderlich sind" (Achtziger & Gollwitzer, 2006, S. 292).

Ein weiterer Vorteil, der sich aus der automatischen Handlungsdurchführung ergibt, betrifft die Selbstregulationsfähigkeit. An dieser Stelle sei auf die Theorie der verminderten Selbstregulationskapazität von Baumeister (2000; Muraven, Tice, & Baumeister, 1998, zitiert nach Gollwitzer et al., 2005, S.499-500) verwiesen. In dieser Theorie wird postuliert, dass wir nur eine begrenzte Kapazität an Selbstregulation zur Verfügung haben. Demnach beeinträchtigt eine anfängliche Aufgabe, welche ein beträchtliches Maß an Selbstregulation erfordert, die Ausführung einer nachfolgenden Aufgabe, falls diese ebenfalls Selbstregulation benötigt. Dieser negative Effekt kann durch die Verwendung von Vorsätzen abgewendet werden (Gollwitzer et al., 2005). Diese Entdeckung geht auf eine Studie von Gollwitzer und Bayer (2000, Studie 3, zitiert nach Achtziger & Gollwitzer, 2006, S. 297-298) zurück, in welcher Versuchspersonen zunächst einen lustigen Film anschauten. Hierbei durfte ein Teil der Probanden ihre Emotionen frei äußern, den anderen war es hingegen nicht gestattet. Letztere mussten sich demnach selbst regulieren. Die nachfolgende Aufgabe sah die Lösung von schwierigen Anagrammen vor. Hierfür fassten alle Teilnehmer die Zielintention, möglichst viele Anagramme zu enträtseln. Die Hälfte der Personen formulierte diesbezüglich noch den Vorsatz, mit der Bearbeitung eines weiteren Anagramms zu beginnen, sobald sie eines gelöst haben. Bei den Probanden, welche ihre Emotionen unterdrücken mussten, trat der klassische Effekt einer verminderten Selbstregulationsfähigkeit auf. Sie zeigten eine schlechtere Leistung bei der Lösung der Anagramme, als die Individuen, die ihre Emotionen nicht unterdrücken mussten. Dieser Effekt trat nicht auf, wenn zusätzlich ein Vorsatz formuliert wurde.

2.3 Moderatoren

Eine Reihe von Faktoren moderieren den förderlichen Einfluss von Vorsätzen auf die Zielerreichung. Wenn-Dann-Pläne eignen sich in erster Linie für Vorhaben, welche schwer zu initiieren sind. Dies wären zum Beispiel Ziele, die von Ablenkung bedroht, leicht zu vergessen oder unangenehm sind. Vorsätze sind ebenfalls für die unter 2.2.2 genannten Personengruppen hilfreich, welchen aufgrund von Problemen mit der Handlungskontrolle die Zielumsetzung schwer fällt. Ein weiterer Moderator ist die Stärke des Verpflichtungsgefühls beziehungsweise die Motivation gegenüber der Zielerreichung. Vorsätze erzielen ihre Wirkung insbesondere, wenn diese Faktoren in hohem Maße vorhanden sind (Achtziger & Gollwitzer, 2006). So fanden Orbell und Kollegen (1997, zitiert nach Gollwitzer et al., 2005, S.491) heraus, dass der Vorsatz, eine Vorsorgeuntersuchung für Brustkrebs durchzuführen, nur den Frauen half, welche sich dazu stark verpflichtet fühlten.

Des Weiteren muss die übergeordnete Absicht noch aktiviert sein, damit Vorsätze automatisch die zielgerichtete Handlung einleiten. Dies hängt damit zusammen, dass Vorsätze den Zielintentionen untergeordnet sind. Ebenfalls von Einfluss ist die Stärke der mentalen Verknüpfung von Situation und Reaktion. Diese wird umso beträchtlicher sein, je länger sich eine Person mit der Generierung und Wiederholung des Wenn-Dann-Plans befasst. Dies wiederum sollte den Effekt von Vorsätzen steigern (Achtziger & Gollwitzer, 2006; Gollwitzer et al., 2005).

2.4 Einsatzgebiete

2.4.1 Förderung erwünschten Verhaltens

Mit Hilfe von Vorsätzen kann die Erreichung erwünschten Verhaltens unterstützt werden. Wie bereits erwähnt, wird durch die Verwendung von Wenn-Dann-Plänen das zielgerichtete Verhalten automatisch eingeleitet. Deshalb sind Vorsätze insbesondere für die Umsetzung von Zielen nützlich, welche durch Ablenkung oder anderweitige kognitive Belastung bedroht sind (Achtziger & Gollwitzer, 2006). Beispielsweise können auch ältere Personen profitieren, welche die Aufnahme von zielgerichteten Handlungen leicht vergessen. Chasteen, Park und Schwarz (2001, Studie 1) konnten dies empirisch belegen. Sie zeigten, dass Vorsätze die prospektive Gedächtnisleistung von Senioren fördern können. Mit prospektivem Gedächtnis ist die Fähigkeit gemeint, sich daran zu erinnern, in Zukunft eine beabsichtigte Handlung auszuführen (Cohen, Bayer, Jaudas, & Gollwitzer, 2008). Den Probanden der besagten Studie wurde zu Beginn mitgeteilt, dass sie nach Erledigung einer anfänglichen Aufgabe noch einige Fragebögen erhalten würden. Auf jedem Blatt, das sie erhalten würden, sollte zusätzlich der Wochentag notiert werden. Die Senioren wurden nur zu Beginn des Experiments über dieses Vorhaben instruiert, es erfolgte keine weitere Erinnerung daran. Deshalb war für diese Aufgabe ein hohes Maß an Selbstinitiierung erforderlich. Zudem existierten auch keine salienten Hinweisreize, welche die Erinnerung an diese Absicht unterstützt hätten. Alle Versuchspersonen setzten sich hierfür eine Zielintention, ein Teil der Probanden sollte zudem noch einen Wenn-Dann-Plan formulieren. In der letzteren Bedingung konnten sich die Senioren doppelt so oft daran erinnern, den Tag zu notieren. Die Übersetzung der Absicht in einen konkreten Plan konnte somit eine signifikante Verbesserung der prospektiven Gedächtnisleistung bewirken.

Trotz alledem gewährt die Verwendung von Vorsätzen keine hundertprozentige Garantie, dass ein Ziel tatsächlich erreicht wird. Probleme können sich etwa durch ungeeignete Formulierungen ergeben. Dies wäre zum Beispiel der Fall, wenn die gewählte Situation zu speziell ist und daher praktisch nie besteht (Achtziger & Gollwitzer, 2006).

2.4.2 Kontrolle unerwünschten Verhaltens

Mitunter wird zielgerichtetes Verhalten durch Ablenkung oder unerwünschte Handlungen, Gedanken und Emotionen behindert (vgl. z.B. Achtziger, Gollwitzer, & Sheeran, 2008). Um diese negativen Einflüsse zu unterbinden, können ebenfalls Vorsätze verwendet werden. Mit geeigneten Formulierungen ist es möglich, jene Reaktionen abzuwenden, welche der Zielerreichung entgegenarbeiten. Eine derartige Lösung bieten Suppressionsvorsätze. Dies sind spezielle Formulierungen, welche helfen sollen, ablenkende Faktoren oder unerwünschte Handlungen zu unterdrücken (Achtziger & Gollwitzer, 2006). Ein Beispiel wäre: „Wenn Person X versucht mich während meiner Arbeit in ein Gespräch zu verwickeln, dann werde ich sie ignorieren."

Die Kontrolle unerwünschten Verhaltens wurde unter anderem von Gawrilow und Gollwitzer (2008) untersucht. Sie testeten inwiefern es Kindern mit Aufmerksamkeitsdefizit- / Hyperaktivitätsstörung (im Folgenden ADHS genannt) besser gelingt, eine Reaktion zu unterdrücken, wenn sie hierfür einen Vorsatz formulieren. ADHS-Betroffene haben Probleme sich selbst zu regulieren, insbesondere die automatisierte Steuerung von zielgerichtetem Verhalten bereitet ihnen Schwierigkeiten (Arbeitsgemeinschaft ADHS der Kinder- und Jugendärzte e.V., 2007). Für ihre Studie wählten Gawrilow und Gollwitzer (2008, Studie 1) eine Klassifikationsaufgabe in Kombination mit einer *Go/No-Go*-Aufgabe. Hierbei erschienen verschiedene Stimuli auf einem Bildschirm, welche jeweils per Tastendruck einer von zwei möglichen Kategorien zugeordnet werden sollten. Falls ein Signal ertönte, sollte diese Reaktion unterdrückt werden. Sie vermuteten, dass diese Aufgabe Kindern mit ADHS, im Vergleich zu gesunden Kindern, schwerer fällt und dass Vorsätze dies kompensieren würden. Diese Hypothesen konnten bestätigt werden. Kinder mit ADHS konnten ihre Leistung signifikant steigern, wenn sie zusätzlich die Durchführungsintention formulierten, die Reaktion zu unterlassen, wenn ein Signal ertönt. Auf diese Weise konnten sie ihre Leistung derart verbessern, dass sie das Niveau von gesunden Kindern erreichten. Für die Kinder hingegen, welche nicht von ADHS betroffen waren, ergab sich durch die zusätzliche Verwendung von Vorsätzen keine bedeutsame Steigerung der Unterdrückungsreaktion, wenn der Ton zu hören war. Gawrilow und Gollwitzer (2008) führten diesen Befund darauf zurück, dass diese Aufgabe für Gesunde keine Schwierigkeit darstellte und sich insofern erneut zeigte, dass Vorsätze vielmehr für schwer zu initiierende Handlungen förderlich sind.

3. Zusammenfassung

Das Fassen von Vorsätzen ist eine Selbstregulationsstrategie, welche die Umsetzung von Zielen in die Realität erleichtern kann. Hierfür sollen Individuen einen Wenn-Dann-Plan formulieren. In diesem spezifizieren sie im Voraus eine Situation, in welcher eine zielgerichtete Reaktion erfolgen soll. Durch diese Planung entsteht eine mentale Verknüpfung zwischen einer bestimmten Konstellation in der Umwelt und einer Handlung. Auf diese Weise werden diverse automatische Prozesse angestoßen. Diese betreffen die Entdeckung der kritischen Situation sowie die Aufnahme und Ausführung des zieldienlichen Verhaltens.

Durch die Verwendung von Vorsätzen können Personen unverzüglich auf günstige Gelegenheiten hinsichtlich der Umsetzung ihres Vorhabens reagieren. Sogleich kann die geplante Handlung effizient und ohne bewusste Intendierung begonnen werden. Hierfür werden keine weiteren kognitiven Ressourcen benötigt.

Prinzipiell kann jeder, der motiviert für ein Ziel ist, durch die Verwendung von Durchführungsintentionen profitieren. Es zeigte sich aber, dass Vorsätze vor allem für die Aufnahme von zielgerichtetem Verhalten förderlich sind, wenn dieses von Ablenkung bedroht ist oder anderweitig Schwierigkeiten bereitet. Damit stellen Wenn-Dann-Pläne insbesondere eine Erleichterung für alle Personengruppen dar, denen die Handlungskontrolle Probleme bereitet.

Für die Zukunft wäre es erstrebenswert, wenn die wissenschaftlichen Erkenntnisse über die positive Wirkung von Vorsätzen verstärkt in der Praxis bekannt gemacht und eingesetzt werden.

4. Literaturverzeichnis

Achtziger, A., & Gollwitzer, P. M. (2006). Motivation und Volition im Handlungsverlauf. In J. Heckhausen & H. Heckhausen (Eds.), *Motivation und Handeln* (pp. 277- 302). Heidelberg: Springer.

Achtziger, A., Gollwitzer, P. M., & Sheeran, P. (2008). Implementation intentions and shielding goal striving from unwanted thoughts and feelings. *Personality and Social Psychology Bulletin*, 34, 381-393.

Arbeitsgemeinschaft ADHS der Kinder- und Jugendärzte e.V. (2007). *Leitlinie der Arbeitsgemeinschaft ADHS der Kinder- und Jugendärzte e.V.. ADHS bei Kindern und Jugendlichen (Aufmerksamkeits-Defizit-Hyperaktivitäts-Störung).* Online im Internet. URL: http://adhs.1agency.de/img/file/CAT_241/Leitlinie.pdf (Stand 08.07.09).

Chasteen, A. L., Park, D. C., & Schwarz, N. (2001). Implementation intentions and facilitation of prospective memory. *Psychological Science, 12,* 457-461.

Cohen, A.-L., Bayer, U. C., Jaudas, A., & Gollwitzer, P. M. (2008). Self-regulatory strategy and executive control: implementation intentions modulate task switching and Simon task performance. *Psychological Research*, 72, 12-26.

Elliott, M. A., & Armitage, C. J. (2006). Effects of implementation intentions on the selfreported frequency of drivers' compliance with speed limits. *Journal of Experimental Psychology, 12,* 108-117.

Gawrilow, C., & Gollwitzer, P. M. (2008). Implementation intentions facilitate response inhibition in children with ADHD. *Cognitive Therapy and Research, 32,* 261-280.

Gollwitzer, P. M., Bayer, U. C., & McCulloch, K. C. (2005). The control of the unwanted. In J. A. Bargh, J. Uleman, & R. Hassin (Eds.), *The new unconscious* (pp. 485-515). Oxford: Oxford University Press.

Gollwitzer, P. M., Fujita, K., & Oettingen, G. (2004). Planning and implementation of goals. In R. F. Baumeister & K. D. Vohs (Eds.), *Handbook of self-regulation: Research, theory, and applications* (pp. 211-228). New York: Guilford Press.

Gollwitzer, P. M., & Sheeran, P. (2006). Implementation intentions and goal achievement: A

meta-analysis of effects and processes. *Advances in Experimental Social

Psychology*, 38, 69-119.

Lengfelder, A., & Gollwitzer, P. M. (2001). Reflective and reflexive action control in frontal

lobe patients. *Neuropsychology*, 15, 80-100.

Webb, T. L., & Sheeran, P. (2007). How do implementation intentions promote goal

attainment? A test of component processes. *Journal of Experimental Social

Psychology, 43,* 295-302.

Werth, L., & Mayer, J. (2008). *Sozialpsychologie.* Heidelberg: Spektrum Akademischer

Verlag.

BEI GRIN MACHT SICH IHR WISSEN BEZAHLT

- Wir veröffentlichen Ihre Hausarbeit,
  Bachelor- und Masterarbeit

- Ihr eigenes eBook und Buch -
  weltweit in allen wichtigen Shops

- Verdienen Sie an jedem Verkauf

Jetzt bei www.GRIN.com hochladen
und kostenlos publizieren